Liebe Schülerinnen und Schüler!

Dieses Vokabelheft soll euch dabei helfen, den lateinischen Wortschatz **prima** zu lernen und zu wiederholen. Es enthält kapitelweise die gleichen Wörter und Wendungen wie das Begleitbuch, allerdings in anderer Anordnung.

Die Vokabeln sind nach Wortarten und – wo dies möglich ist – nach Deklinations- bzw. Konjugationsklassen gegliedert. Ihr findet also zuerst die Substantive, Adjektive und Pronomina, dann die Verben, schließlich Adverbien, Konjunktionen, Subjunktionen usw.; Wendungen sind am Ende aufgeführt. Durch diese Anordnung könnt ihr euch die „grammatischen Eigenschaften" der Vokabeln besser einprägen und ihre sprachliche Einordnung wird euch bewusst.

Neben dieser lernfreundlichen Anordnung des Wortschatzes haben wir ein bequemes „Hosentaschenformat" gewählt, damit ihr das **prima**-Vokabelheft überall mitnehmen könnt. Ihr wisst ja, die Kenntnis der Wörter ist die wichtigste Voraussetzung für das Erlernen einer Sprache, besonders für das Übersetzen.

Vor allem aber sollt ihr dieses Vokabelheft zum Wiederholen des Wortschatzes verwende

Dazu ein paar Tipps:

1) Lernt jeden Wortschatz immer gleich, wenn ihr ihn im Unterricht behandelt habt, ganz genau und merkt euch immer alle deutschen Bedeutungen!

2) Prägt euch die Wörter nicht nur über die Augen ein, sondern sprecht sie auch laut, damit ihr sie über die Ohren aufnehmt! Vokabeln, die ihr euch schwer merken könnt, solltet ihr auch schreiben.

3) Wiederholt jeden Wortschatz möglichst noch in derselben Woche, in der ihr ihn gelernt habt, ein erstes Mal!

4) Wiederholt dann in regelmäßigen Abständen weiter zurückliegende Wortschätze nach einem festen Plan! Erst wenn ihr ein Wort auch bei der fünften Wiederholung noch beherrscht, könnt ihr euch sicher sein, dass es gut im Gedächtnis verankert ist.

5) Nutzt Hilfen zum Lernen und Wiederholen: Fragt euch gegenseitig ab, sprecht die Vokabeln und nehmt sie auf, schreibt sie auf Karteikarten oder arbeitet mit einem Software-Programm: Der **prima**-Wortschatz kann mit dem Vokabeltrainer „MemoduxPLUS" lektionsweise gelernt, geübt und wiederholt werden.

Da oft gerade die Stammformen der Verben Schwierigkeiten bereiten, sind diese in einem Anhang zum Nachschlagen und zum Wiederholen zusammengestellt, Ihr findet dort diejenigen Verben aus **prima**, deren Stammformen „unregelmäßig" und schwierig erscheinen.

1

amīca	Freundin
basilica	Basilika, Halle
porta	Tor
amīcus	Freund
circus	Zirkus, Rennbahn
equus	Pferd
lūdus	Spiel, Wettkampf; Schule
populus	Volk
praemium	Belohnung, Lohn, (Sieges-)Preis
sīgnum	Merkmal, Zeichen; Statue
templum	Tempel
victor *m*	Sieger
circumspectāre, circumspectat	umherschauen
clāmāre, clāmat	laut rufen, schreien
dare, dat	geben
exspectāre, exspectat	warten, erwarten
rogāre, rogat	bitten, erbitten, fragen
gaudēre, gaudet	sich freuen
patēre, patet	offenstehen, sich erstrecken
tacēre, tacet	schweigen

advenīre, advenit	ankommen
venīre, venit	kommen
accēdere, accēdit	herbeikommen, hinzukommen
currere, currit	eilen, laufen
esse, est	sein
sunt	sie sind
avē!	sei gegrüßt!
salvē!	sei gegrüßt!
salvēte!	seid gegrüßt!
ecce	schau/schaut, sieh da/seht da!
diū *Adv.*	lange Zeit
hodiē *Adv.*	heute
ibī	dort
nunc *Adv.*	jetzt, nun
subitō	plötzlich
tandem	endlich
nam	denn, nämlich
tum	da, damals, darauf, dann
et	und, auch
etiam	auch, sogar
sed	aber, sondern
ubī?	wo?

2

bēstia	Tier
taberna	Laden, Werkstatt, Gasthaus
forum	Marktplatz, Forum, Öffentlichkeit
clāmor, clāmōrem *m*	Geschrei, Lärm
mercātor, mercātōrem *m*	Kaufmann, Händler
mulier, mulierem *f*	Frau
intrāre, intrat	betreten, eintreten
mōnstrāre, mōnstrat	zeigen
properāre, properat	eilen, sich beeilen
salūtāre, salūtat	grüßen
spectāre, spectat	betrachten, hinsehen
stāre, stat	stehen
respondēre, respondet	antworten, entsprechen
rīdēre, ridet	lachen, auslachen
vidēre, videt	sehen, darauf achten
audīre, audit	hören
contendere, contendit	eilen, sich anstrengen
petere, petit	(auf)suchen, (er)streben, bitten, verlangen
relinquere, relinquit	unbeachtet lassen, verlassen, zurücklassen

tollere, tollit	aufheben, in die Höhe heben; wegnehmen
vendere, vendit	verkaufen
adesse, adest	da sein
hīc	hier
iam *Adv.*	nun, schon
itaque *Adv.*	deshalb
iterum *Adv.*	wiederum
statim *Adv.*	auf der Stelle, sofort
ad *m. Akk.*	an, bei, nach, zu
ante *m. Akk.*	vor
apud *m. Akk.*	bei, nahe bei
in *m. Akk.*	in (... hinein), nach (... hin); gegen *(wohin?)*
per *m. Akk.*	durch, hindurch
autem	aber, andererseits
nōn	nicht
quid?	was?
quis?	wer?
nōn iam *Adv.*	nicht mehr

pecūnia	Geld, Vermögen
pila	Ball
thermae, thermās	Thermen, Badeanlage
turba	Menschenmenge, Lärm, Verwirrung
dōnum	Geschenk
vīnum	Wein
adulēscēns, adulēscentem *m*	junger Mann
fūr, fūrem *m*	Dieb
senex, senem *m*	Greis, alter Mann
vestis, vestem *f*	Kleid, Kleidung
tē *Akk.*	dich
amāre, amat	lieben, gernhaben
cōgitāre, cōgitat	denken, beabsichtigen
dēlectāre, dēlectat	erfreuen, unterhalten
dubitāre, dubitat *(m. Inf.)*	zögern
complēre, complet	anfüllen, erfüllen
habēre, habet	haben; halten
dēpōnere, dēpōnit	ablegen, niederlegen, aufgeben
lūdere, lūdit	spielen
sūmere, sūmit	nehmen

vult	er, sie, es will
deinde *Adv.*	dann, darauf
dēnique *Adv.*	schließlich, zuletzt
prīmō *Adv.*	zuerst
semper *Adv.*	immer
cum *m. Abl.*	mit, zusammen mit
dē *m. Abl.*	von, von ... her, von ... herab; über
in *m. Abl.*	in, an, auf, bei *(wo?)*
prō *m. Abl.*	anstelle von, für
sine *m. Abl.*	ohne
sī *Subj.*	falls, wenn
neque	und nicht, auch nicht, nicht einmal
tamen	dennoch, jedoch
tantum *(nachgestellt)*	nur
cūr?	warum?
cōgitāre dē *m. Abl.*	denken an

4

cūria	Kurie, Rathaus
iniūria	Beleidigung, Unrecht, Gewalttat
patria	Heimat
via	Straße, Weg
victōria	Sieg
barbarus	Ausländer, 'Barbar'
deus	Gott, Gottheit
nūntius	Bote; Nachricht
arma, arma *n Pl.*	Waffen, Gerät
perīculum	Gefahr
cōnsul, cōnsulem *m*	Konsul
senātor, senātōrem *m*	Senator
laudāre, laudō	loben
nūntiāre, nūntiō	melden
pūgnāre, pūgnō	kämpfen
dēbēre, dēbeō	müssen, sollen; schulden
dolēre, doleō *(m. Abl.)*	schmerzen; bedauern, Schmerz empfinden (über etw.)
gaudēre, gaudeō *m. Abl.*	sich freuen über etw.
licet	es ist erlaubt, es ist möglich

pervenīre, perveniō ad/in *m. Akk.*	kommen zu/nach
colere, colō	bewirtschaften, pflegen; verehren
cōnsistere, cōnsistō	Halt machen, sich aufstellen
dēfendere, dēfendō	abwehren, verteidigen, schützen
vīvere, vīvō	leben
modo *Adv.*	eben (noch)
palam *Adv.*	bekannt, in aller Öffentlichkeit
repente *Adv.*	plötzlich
undique *Adv.*	von allen Seiten
ē/ex *m. Abl.*	aus, von ... her
quod *Subj. m. Ind.*	dass, weil
-que	und
quō	wie, wo, wohin

5

domina	Herrin
mēnsa	Tisch

serva	Sklavin
toga	Toga (Kleidungsstück des römischen Mannes)
līberī, līberōs *Pl.*	Kinder
puer, puerum	Junge
servus	Sklave
vir, virum	Mann
auxilium	Hilfe
convīvium	Gastmahl, Gelage
sacrum	Opfer, Heiligtum
aedēs, aedēs *f Pl.*	Haus, Gebäude
māter, mātrem *f*	Mutter
vīgintī *indekl.*	zwanzig
advocāre, advocō	herbeirufen
interrogāre, interrogō	fragen
ōrnāre, ōrnō	schmücken
parāre, parō	bereiten, vorbereiten; vorhaben; erwerben
portāre, portō	tragen, bringen
vocāre, vocō	rufen, nennen
iubēre, iubeō *m. Akk.*	anordnen, befehlen
praebēre, praebeō	geben, hinhalten
dīcere, dīcō	sagen, sprechen
emere, emō	kaufen

gerere, gerō	ausführen, führen, tragen
ostendere, ostendō	zeigen, darlegen
adesse, adsum	dasein; helfen
nōlle, nōlō	nicht wollen
velle, volō	wollen
circiter *Adv.*	ungefähr
libenter	gern
paulō *Adv.*	(um) ein wenig
post *Adv.*	danach, später
-ne *(angehängt)*	(unübersetzte Fragepartikel)
nōn-ne *(im dir. Fragesatz)*	nicht?
paulō post	kurz darauf
togam sūmere	die Toga anlegen

6

aqua	Wasser
cēna	Essen, Mahlzeit
familia	Familie, Hausgemeinschaft
poena	Strafe
dominus	Herr
fīlius	Sohn

oculus	Auge
umerus	Oberarm, Schulter
negōtium	Aufgabe, Geschäft, Angelegenheit
verbum	Wort, Äußerung
iter, itineris *n*	Reise, Weg, Marsch
mōns, montis *m (Gen. Pl.* -ium*)*	Berg
pater, patris *m*	Vater
vōx, vōcis *f*	Äußerung, Laut, Stimme
comparāre, comparō	vergleichen
labōrāre, labōrō	arbeiten
probāre, probō	beweisen, für gut befinden
timēre, timeō	Angst haben, fürchten
agere, agō	handeln, treiben, verhandeln
attingere, attingō	berühren
bibere, bibō	trinken
convertere, convertō *(*in *m. Akk.)*	verändern, (um)wenden, richten (auf)
dīligere, dīligō	hoch achten, lieben
dūcere, dūcō	führen, ziehen
effugere, effugiō *(m. Akk.)*	entfliehen, entkommen
domum *Adv.*	nach Hause
ergō *Adv.*	also

forte *Adv.*	zufällig
sōlum *Adv.*	nur
atque	und
negōtia agere	Geschäfte betreiben
nōn sōlum ... sed etiam	nicht nur ... sondern auch
pater familias	Familienoberhaupt

7

āra	Altar
dea	Göttin
fīlia	Tochter
grātia	Ansehen, Beliebtheit, Dank, Gefälligkeit
cibus	Nahrung, Speise
lībertus	Freigelassener
patrōnus	Patron, (Schutz-)Herr
propinquus	Verwandter
gaudium	Freude
agmen, agminis *n*	(Heeres-)Zug
gēns, gentis *f (Gen. Pl.* -ium*)*	Familienverband, Stamm, Volk

hospes, hospitis *m*	Fremder, Gast, Gastgeber
māiōrēs, māiōrum *m*	Vorfahren
mōs, mōris *m*	Sitte, Brauch; *Pl.* Charakter
mūnus, mūneris *n*	Aufgabe; Geschenk
ōrātiō, ōrātiōnis *f*	Rede
parēns, parentis *m/f*	Vater, Mutter
parentēs, parentum *m Pl.*	Eltern
pāx, pācis *f*	Friede
salūs, salūtis *f*	Gesundheit, Glück, Rettung, Gruß
soror, sorōris *f*	Schwester
uxor, uxōris *f*	Ehefrau
mihi *Dat.*	mir
vōbīs *Dat.*	euch
narrāre, narro *(*de *m. Abl.)*	erzählen (von/über)
ōrāre, ōrō *(m. dopp. Akk.)*	bitten (jmd. um etwas)
parēre, pāreō	gehorchen, sich richten nach
placēre, placeō	gefallen
placet *m. Dat.*	es gefällt jmd., jmd. beschließt
remanēre, remaneō	(zurück)bleiben
convenīre, conveniō	besuchen, zusammenkommen, zusammenpassen

interesse, intersum *m. Dat.*	dazwischen sein, teilnehmen an
posteā *Adv.*	nachher, später
grātiās agere	danken
ōrātiōnem habēre	eine Rede halten
salūtem dīcere *m. Dat.*	jmd. grüßen

8

poēta *m*	Dichter
prōvincia	Provinz
puella	Mädchen
sinistra	linke Hand
liber, librī	Buch
bellum	Krieg
cōnsilium	Beratung, Beschluss, Plan, Rat
carmen, carminis *n*	Lied, Gedicht
comes, comitis *m/f*	Gefährte/Begleiter(in)
flūmen, flūminis *n*	Fluss
homō, hominis *m*	Mensch
imperātor, imperātōris *m*	Befehlshaber, Feldherr, Kaiser

multitūdō, multitūdinis *f*	große Zahl, Menge
nātiō, nātiōnis *f*	Volk, Volksstamm
duo, duae, duo	zwei
egō *(betont)*	ich
mē *Akk.*	mich
nōbīs *Dat.*	uns
tēcum *Abl.*	mit dir
tibi *Dat.*	dir
tū *(betont)*	du
vōs *Nom./Akk.*	ihr/euch
scīre, sciō	kennen, verstehen, wissen
admittere, admittō	hinzuziehen; zulassen
compōnere, compōnō	vergleichen
indūcere, indūcō	(hin)einführen, verleiten
īnstituere, īnstituō	beginnen, einrichten, unterrichten
legere, legō	lesen, auswählen
aspicere, aspiciō	erblicken
capere, capiō	nehmen, fassen
corripere, corripiō	ergreifen, gewaltsam an sich reißen
cupere, cupiō	verlangen, wünschen, wollen
facere, faciō	machen, tun, handeln
eō *Adv.*	dorthin

an	oder *(in der Frage)*
quis vestrum?	wer von euch?

9

īra	Zorn
lacrima	Träne
rīpa	Ufer
marītus	Ehemann
mūrus	Mauer
superī, superōrum *Pl.*	die Götter
caedēs, caedis *f (Gen. Pl.* -ium*)*	Mord, Blutbad
calamitās, calamitātis *f*	Schaden, Unglück, Niederlage
frāter, frātris *m*	Bruder
hostis, hostis *m (Gen. Pl.* -ium*)*	Feind (Landesfeind)
nex, necis *f*	Mord, Tod
urbs, urbis *f (Gen. Pl.* -ium*)*	Stadt, Hauptstadt
sē *Akk.*	sich
aedificāre, aedificō	bauen
necāre, necō	töten

servāre, servō	bewahren, retten
vītāre, vītō	meiden, vermeiden
flēre, fleō, flēvī	beklagen, (be)weinen
prohibēre, prohibeō *(a m. Abl.)*	abhalten (von), hindern (an)
tenēre, teneō	besitzen; festhalten, halten
mūnīre, mūniō	bauen, befestigen, schützen
alere, alō, aluī	ernähren, großziehen
crēdere, crēdō	anvertrauen, glauben
petere, petō, petīvī	(auf)suchen, (er)streben, bitten, verlangen
esse, sum, fuī	sein; sich befinden
posse, possum, potuī	können
enim *Adv. (nachgestellt)*	nämlich, in der Tat
frūstrā *Adv.*	vergeblich
ā/ab *m. Abl.*	von, von ... her
ubi *Subj. m. Ind.*	sobald

10

causa	Ursache, Sache; Prozess
numerus	Menge, Zahl
rēgnum	(Königs)Herrschaft, Reich
iūs, iūris *n*	Recht
mors, mortis *f (Gen. Pl.* -ium*)*	Tod
pudor, pudōris *m*	Scham(gefühl), Anstand
rēx, rēgis *m*	König
scelus, sceleris *n*	Verbrechen; Schurke
sors, sortis *f (Gen. Pl.* -ium*)*	Los, Orakelspruch, Schicksal
bonus, a, um	gut
dīgnus, a, um *(m. Abl.)*	wert, würdig (einer Sache)
dīvīnus/dīvus, a, um	göttlich
hūmānus, a, um	gebildet, menschlich
magnus, a, um	groß, bedeutend
multus, a, um	viel
summus, a, um	der höchste, der letzte, der oberste
superbus, a, um	stolz, überheblich
tōtus, a, um *(Gen.* tōtīus, *Dat.* tōtī*)*	ganz
tūtus, a, um *(*a *m. Abl.)*	sicher (vor)

ultimus, a, um	der äußerste, der entfernteste, der letzte
miser, misera, miserum	arm, erbärmlich, unglücklich
accusare, accuso	anklagen, beschuldigen
īgnōrāre, īgnōrō	nicht kennen, nicht wissen
līberāre, līberō	befreien, freilassen
occupāre, occupō	besetzen, einnehmen
terrēre, terreō	erschrecken
arcessere, arcessō, arcessīvī	herbeirufen, holen
cognōscere, cognōscō, cognōvī	erkennen, kennenlernen
expellere, expellō	vertreiben, verbannen
inquit *(in die wörtl. Rede eingeschoben)*	sagt(e) er
ita *Adv.*	so
omnīnō *Adv.*	insgesamt, überhaupt, völlig
post *m. Akk.*	nach, hinter
propter *m. Akk.*	wegen
num *im dir. Fragesatz*	etwa?
et ... et	sowohl ... als auch
magnā vōce	mit lauter Stimme
non īgnōrāre	genau wissen, gut kennen

11

sententia	Antrag (im Senat), Meinung; Satz, Sinn
oppidum	Stadt
proelium	Kampf, Schlacht
labor, labōris *m*	Anstrengung, Arbeit
legiō, legiōnis *f*	Legion (ca. 5000 – 6000 Mann)
mīles, mīlitis *m*	Soldat
moenia, moenium *n Pl.*	(Stadt-) Mauern
alius, a, ud	ein anderer
altus, a, um	hoch, tief
cūnctī, ae, a	alle (zusammen)
ūnus, a, um (*Gen.* ūnīus, *Dat.* ūnī)	ein(er), ein einziger
meus, a, um	mein
noster, nostra, nostrum	unser
suus, a, um	ihr, sein
tuus, a, um	dein
convocāre, convocō	versammeln
postulāre, postulō	fordern
restāre, restō, restitī	übrig bleiben; Widerstand leisten

vocāre, vocō *m. dopp. Akk.*	bezeichnen als
cēnsēre, cēnseō *(m. Akk.)*	meinen, einschätzen, seine Stimme abgeben (für)
manēre, maneō, mānsī *(m. Akk.)*	bleiben, warten, warten auf
monēre, moneō	(er)mahnen
rīdēre, rīdeō, rīsī	lachen, auslachen
vidēre, videō, vīdī	sehen; darauf achten
aperīre, aperiō, aperuī	aufdecken, öffnen
pervenīre, perveniō, pervēnī	kommen zu/nach
venīre, veniō, vēnī	kommen
accēdere, accēdō, accessī	herbeikommen, hinzukommen
agere, agō, ēgī	handeln, treiben, verhandeln
āmittere, āmittō, āmīsī	aufgeben, verlieren
claudere, claudō, clausī	abschließen, einschließen
cōnsulere, cōnsulō, cōnsuluī *(*dē *m. Abl.)*	befragen; beraten (über) *m. Dat.* sorgen für
contendere, contendo, contendī	eilen, sich anstrengen
currere, currō, cucurrī	eilen, laufen
dēfendere, dēfendō, dēfendī	abwehren, verteidigen, schützen
dīcere, dīcō, dīxī	sagen, sprechen
dūcere, dūcō, dūxī	führen, ziehen
pellere, pellō, pepulī	schlagen, vertreiben
vincere, vincō, vīcī	(be)siegen, übertreffen

aspicere, aspiciō, aspexī	erblicken
capere, capiō, cēpī	fassen, nehmen; erobern
facere, faciō, fēcī	machen, tun, handeln
certē *Adv.*	gewiss, sicherlich
vērō *Adv.*	aber
postquam *Subj. m. Ind. Perf.*	nachdem
equidem	(ich) allerdings, freilich
ūnus ex/dē *m. Abl.*	einer von

12

invidia	Neid
vīta	Leben, Lebensweise
triumphus	Triumph(zug)
exemplum	Beispiel, Vorbild
odium	Hass
crīmen, crīminis *n*	Beschuldigung, Vorwurf, Verbrechen
virtūs, virtūtis *f*	Tapferkeit, Tüchtigkeit, Vortrefflichkeit, Leistung; *Pl.* gute Eigenschaften, Verdienste

clārus, a, um	berühmt, hell, klar
falsus, a, um	falsch
inimīcus, a, um	feindlich; *Subst.* Feind
multa *n Pl.*	viel(es)
multī, ae	viele
sōlus, a, um	allein, einzig
quī, quae, quod	welcher, welche, welches; der, die, das
vester, vestra, vestrum	euer
appellāre, appellō *(m. dopp. Akk.)*	anrufen, nennen, bezeichnen (als)
cūrāre, cūrō *(m. Akk.)*	pflegen, sorgen für, besorgen
dēspērāre, dēspērō *(*dē *m. Abl.)*	die Hoffnung aufgeben (auf), verzweifeln (an)
errāre, errō	(sich) irren
superāre, superō	besiegen, überragen, übertreffen
studēre, studeō *(m. Dat.)*	sich (wissenschaftlich) beschäftigen, sich bemühen (um), streben (nach)
nescīre, nesciō	nicht wissen
animadvertere, animadvertō, animadvertī	bemerken, wahrnehmen

dēcernere, dēcernō, dēcrēvī	beschließen, entscheiden, zuerkennen
dīmittere, dīmittō, dīmīsī	aufgeben, entlassen
relinquere, relinquō, relīquī	unbeachtet lassen, verlassen, zurücklassen
bene *Adv.*	gut
imprīmīs *Adv.*	besonders, vor allem
profectō *Adv.*	sicherlich, tatsächlich
sīc *Adv.*	so
vulgō *Adv.*	allgemein, gewöhnlich
ob *m. Akk.*	wegen; für
quia *Subj. m. Ind.*	weil

13

cōpiae, cōpiārum *Pl.*	Truppen
īnsidiae, īnsidiārum *Pl.*	Falle, Attentat, Hinterlist
potentia	Macht
locus	Ort, Platz, Stelle
imperium	Befehl, Befehlsgewalt, Herrschaft, Herrschaftsgebiet
monumentum	Denkmal

amor, amōris *m*	Liebe
corpus, corporis *n*	Körper; Leichnam
nāvis, nāvis *f (Gen. Pl.* -ium*)*	Schiff
contentus, a, um *(m. Abl.)*	zufrieden (mit)
novus, a, um	neu, ungewöhnlich
prīstinus, a, um	früher
vērus, a, um	echt, richtig, wahr
pulcher, pulchra, pulchrum	schön
ācer, ācris, ācre	energisch, heftig, scharf
celeber, celebris, celebre	berühmt; belebt
celer, celeris, celere	schnell
is, ea, id	dieser, diese, dieses; er, sie, es
sibi *Dat.*	sich
dare, dō, dedī	geben
imperāre, imperō *(m. Dat.)*	befehlen, herrschen (über)
praestāre, praestō, praestitī *m. Dat.*	übertreffen
stāre, stō, stetī	stehen
temperāre, temperō *m. Akk.*	lenken, ordnen
valēre, valeō	Einfluss haben, gesund sein, stark sein
adiungere, adiungō, adiūnxī	hinzufügen, anschließen

discēdere, discēdō, discessī	auseinandergehen, weggehen
īnstituere, īnstituō, īnstituī	beginnen, einrichten, unterrichten
conicere, coniciō, coniēcī	(zusammen)werfen; folgern, vermuten
perspicere, perspiciō, perspexī	erkennen, genau betrachten, sehen
vix *Adv.*	kaum, (nur) mit Mühe
cum *Subj. m. Ind.*	(immer) wenn, als (plötzlich), (zu der Zeit) als
dum *Subj.*	während, solange, (so lange) bis
etsī *Subj.*	auch wenn, obwohl
quamquam *Subj.*	obwohl
alius ... alius	der eine ... der andere
īnsidiās parāre	eine Falle stellen
iter facere	eine Reise machen
plus valere quam	mehr gelten als
sibi adiungere	für sich gewinnen
verba facere dē *m. Abl.*	Gespräche führen/reden über

mora	Aufenthalt, Verzögerung
auctor, auctōris *m*	Anführer, Gründer, Ratgeber, Verfasser
caput, capitis *n*	Kopf, Haupt; Hauptstadt
suspīciō, suspīciōnis *f*	Verdacht, Vermutung
apertus, a, um	offen, offenkundig
improbus, a, um	schlecht, unanständig
īnfestus, a, um	feindlich, feindselig
manifestus, a, um	offenkundig; überführt
nefārius, a, um	gottlos, verbrecherisch
nōnnūllī, ae, a	einige, manche
nēmō, nēminis	niemand
indicāre, indicō	anzeigen, melden
putāre, putō	glauben, meinen
putāre *m. dopp. Akk.*	halten für
continēre, contineō	festhalten
iubēre, iubeō, iussī *m. Akk.*	anordnen, befehlen
reperīre, reperiō, repperī	(wieder)finden
abdūcere, abdūcō, abdūxī	wegführen
committere, committō, commīsī	anvertrauen, veranstalten, zustande bringen
dēdūcere, dēdūcō, dēdūxī	hinführen, wegführen

laedere, laedō, laesī	beschädigen, verletzen
mittere, mitto, mīsī	(los)lassen, schicken, werfen
quaerere, quaerō, quaesīvī	erwerben wollen, suchen
ruere, ruō, ruī	eilen, stürmen, stürzen
ēripere, ēripiō, ēripuī	entreißen
rapere, rapiō, rapuī	wegführen, rauben, wegreißen
adesse, adsum, adfuī	da sein; helfen
ante *Adv.*	vorher
intereā *Adv.*	inzwischen, unterdessen
nūper *Adv.*	neulich, vor kurzem
prōtinus *Adv.*	sofort
quidem *Adv.*	freilich, gewiss, wenigstens, zwar
priusquam *Subj. m. Ind.*	bevor, eher als
quīn *im Hauptsatz*	vielmehr; warum nicht?
tam	so
paulō ante	kurz vorher
scelus committere	ein Verbrechen begehen

15

dextera	die rechte Hand, die Rechte
animus	Geist, Mut, Gesinnung
lūx, lūcis *f*	Licht, Tageslicht
nox, noctis *f (Gen. Pl.* -ium*)*	Nacht
vīres, vīrium *f Pl.*	(Streit-)Kräfte
virgō, virginis *f*	Mädchen
vīs *(Akk.* vim, *Abl.* vī*) f*	Gewalt, Kraft; Menge
ambō, ambae, ambō	beide (zusammen)
angustus, a, um	eng, schwierig
plērīque, plēraeque, plēraque	die meisten, sehr viele
prīmus, a, um	der erste
mēcum *Abl.*	mit mir
sēcum *Abl.*	mit sich, bei sich
exīstimāre, exīstimō	(ein)schätzen, meinen
negāre, negō	verneinen, leugnen; verweigern
oportet, oportuit	es gehört sich, es ist nötig
sentīre, sentiō, sēnsī	fühlen, meinen, wahrnehmen
concēdere, concēdō, concessī	erlauben, nachgeben, zugestehen

contendere, contendō, contendī	behaupten; eilen; sich anstrengen
crēscere, crēscō, crēvī	wachsen
dēficere, dēficiō, dēfēcī	abnehmen, ermatten; verlassen, ausgehen
immō (vero) *Adv.*	ja sogar, vielmehr; im Gegenteil
numquam *Adv.*	niemals
paene *Adv.*	fast, beinahe
ūsque ad *m. Akk.*	bis zu
vērō *Adv.*	aber; in der Tat, wirklich
aut	oder
animō dēficere	den Mut sinken lassen
iterum atque iterum	immer wieder
multā nocte	in tiefer Nacht *(wann?)*
nōn debēre	nicht dürfen
prīmā lūce	bei Tagesanbruch *(wann?)*
quaerere ex *m. Abl.*	jmd. fragen

16

nauta *m*	Seemann, Matrose
pīrāta *m*	Pirat, Seeräuber
unda	Welle, Gewässer
somnus	Schlaf
ventus	Wind
celeritās, celeritātis *f*	Schnelligkeit
fīnis, fīnis *m (Gen. Pl.* -ium*)*	Grenze, Ende; Ziel, Zweck; *Pl.* Gebiet
mare, maris *n (Abl. Sg.* -ī; *Nom./Akk. Pl.* -ia; *Gen. Pl.* -ium*)*	Meer
adversus, a, um	entgegengesetzt, feindlich
armātus, a, um	bewaffnet
captīvus, a, um	gefangen; *Subst.* (Kriegs-)Gefangener
cēterī, ae, a	die Übrigen
longus, a, um	lang, weit
obscūrus, a, um	dunkel, unbekannt
scelerātus, a, um	schädlich, verbrecherisch; *Subst.* Verbrecher
dēsīderāre, dēsīderō *m. Akk.*	sich sehnen nach, vermissen
excitāre, excitō	wecken, erregen, ermuntern
observāre, observō	beobachten

turbāre	durcheinanderbringen, stören
volāre, volō	fliegen; eilen
sedēre, sedeō, sēdī	sitzen
convertere, converto, convertī	verändern, (um)wenden; richten (auf)
ostendere, ostendō, ostendī	zeigen, darlegen
quiēscere, quiēscō, quiēvī	(aus)ruhen; schlafen
resistere, resistō, restitī	stehenbleiben; Widerstand leisten
surgere, surgō, surrēxī	sich aufrichten, sich erheben, aufstehen
trahere, trahō, trāxī	schleppen, ziehen
īre, eō, iī	gehen
adīre, adeō, adiī *(m. Akk.)*	herantreten (an), bitten
inīre, ineō, iniī	hineingehen; beginnen
trānsīre, trānseō, trānsiī	hinübergehen, überschreiten
intus *Adv.*	im Inneren, innen
pariter *Adv.*	ebenso, gleichzeitig
contrā *m. Akk.*	gegen
neque ... neque	weder ... noch
quotiēns	wie oft, so oft

17

fortūna	Glück, Schicksal
praeda	Beute
pūgna	Kampf
gladius	Schwert
classis, classis *f*	Flotte; Abteilung
grātus, a, um	dankbar, willkommen, beliebt
parvus, a, um	klein, gering
probus, a, um	anständig, gut
stultus, a, um	dumm
brevis, e	kurz
fortis, e	tapfer, kräftig
incolumis, e	unverletzt, wohlbehalten
nōbilis, e	adelig, berühmt, vornehm
omnis, e	ganz, jeder; *Pl.* alle
potēns, potentis	mächtig, stark
quisnam, quidnam	wer denn, was denn?
latēre, latēo	verborgen sein
accidere, accidō, accidī	geschehen, sich ereignen
cingere, cingō, cinxī	umgeben, umzingeln
comprehendere, comprehendō, comprehendī	begreifen, ergreifen, festnehmen
dēserere, dēserō, dēseruī	verlassen, im Stich lassen

fallere, fallō, fefellī	täuschen, betrügen
regere, regō, rēxī	beherrschen; leiten, lenken
adicere, adiciō, adiēcī	hinzufügen
ēicere, ēiciō, ēiēcī	hinauswerfen, vertreiben
fugere, fugiō, fūgī *m. Akk.*	fliehen (vor), meiden
perīre, pereō, periī	zugrunde gehen, umkommen
nec/neque	und nicht, auch nicht, nicht einmal
nec ... nec	weder ... noch
quam	als; wie
quoque *(nachgestellt)*	auch
vel ... vel	entweder ... oder

18

fēmina	Frau
flamma	Feuer, Flamme
fuga	Flucht
dolus	List, Täuschung
posterī, posterōrum *Pl.*	die Nachkommen
fātum	Schicksal, Göttersprache

arx, arcis *f (Gen. Pl.* -ium*)*	Burg
auris, auris *f (Gen. Pl.* -ium*)*	Ohr
lītus, lītoris *n*	Küste, Strand
nōmen, nōminis *n*	Name
regiō, regiōnis *f*	Gebiet, Gegend, Richtung
acerbus, a, um	bitter, grausam, rücksichtslos
impius, a, um	gottlos, gewissenlos
iūcundus, a, um	angenehm, erfreulich
paucī, ae, a	wenige
pius, a, um	fromm, gerecht, pflichtbewusst
crūdēlis, e	grausam
gravis, e	schwer
ingens, ingentis	gewaltig, ungeheuer
trīstis, e	traurig, unfreundlich
turpis, e	(sittlich) schlecht, hässlich, schändlich
vehemēns, vehementis	heftig, energisch, kritisch
cessāre, cesso	rasten, zögern
dōnāre, dōnō	schenken
temptāre, temptō	angreifen; prüfen, versuchen
respondēre, respondeō, respondī	antworten, entsprechen
addere, addō, addidī	hinzufügen

crēdere, crēdō, crēdidī	anvertrauen, glauben
dēsinere, dēsino, dēsiī	aufhören
flectere, flectō, flexī	biegen, (hin)lenken; umstimmen
prōmittere, prōmittō, prōmīsī	versprechen
vertere, vertō, vertī	drehen, wenden
illīc *Adv.*	dort
nimis *Adv.*	(all)zu, (all)zu sehr
sponte meā (tuā, suā)	freiwillig, aus eigener Kraft, von selbst
aurēs praebēre	Gehör schenken, zuhören
sē gerere	sich verhalten

19

cūra	Sorge, Pflege
superbia	Stolz, Überheblichkeit
lēgātus	Gesandter, Bevollmächtigter
ōrāculum	Orakel, Götterspruch, Orakelstätte

supplicium	flehentliches Bitten; Strafe, Hinrichtung
cīvitās, cīvitātis *f*	Bürgerrecht, Gemeinde, Staat
lēgātiō, lēgātiōnis *f*	Gesandtschaft
sacerdōs, sacerdōtis *m/f*	Priester(in)
voluntās, voluntātis *f*	Absicht, Wille, Zustimmung
cōnscius, a, um *(m. Gen.)*	bewusst, eingeweiht (in), *Subst.* Teilnehmer, Zeuge
cōnfirmāre, cōnfirmō	bekräftigen, ermutigen, stärken
nōmināre, nōminō	nennen
comperīre, comperiō, comperī	(genau) erfahren
cōnsistere, cōnsisto, cōnstitī	Halt machen, sich aufstellen
dēpōnere, dēpōnō, dēposuī	ablegen, niederlegen, aufgeben
intellegere, intellegō, intellēxī	(be)merken, verstehen
statuere, statuō, statuī	aufstellen, beschließen, festsetzen
exīre, exeō, exiī	herausgehen
redīre, redeō, rediī	zurückgehen, zurückkehren
aliter *Adv.*	anders, sonst
anteā *Adv.*	vorher, früher

multum *Adv.*	sehr, viel
tandem *im Aussagesatz*	endlich;
im Fragesatz	denn eigentlich
ut *Adv.*	wie
quandō?	wann?
ac (~ atque)	und, und auch
dēficere ā *m. Abl.*	abfallen von
facere fīnem *m. Gen.*	beenden, aufhören (mit)
multum valēre	viel gelten
sortem dare	einen Orakelspruch geben

20

fābula	Geschichte, Erzählung, Theaterstück
tenebrae, tenebrārum *Pl.*	Dunkelheit, Finsternis
philosophus	Philosoph
aedificium	Gebäude
ferrum	Eisen, Waffe
mōnstrum	Wunderzeichen; Ungeheuer, Gespenst
silentium	Schweigen, Stille

vinculum	Band, Fessel; *Pl.* Gefängnis
tempus, temporis *n*	(günstige) Zeit; *Pl.* Umstände
timor, timōris *m*	Angst, Furcht
amplus, a, um	weit, groß, bedeutend
antīquus, a, um	alt, altertümlich
īgnōtus, a, um	unbekannt
mīrus, a, um	wunderbar, erstaunlich
nocturnus, a, um	nächtlich
līber, lībera, līberum	frei
incrēdibilis, e	unglaublich
tālis, e	derartig, ein solcher, so (beschaffen)
terribilis, e	schrecklich
perturbāre, perturbō	in Verwirrung bringen
commovēre, commoveō, commōvī	bewegen, veranlassen
movēre, moveō, mōvī	bewegen
permovēre, permoveō, permōvī	beunruhigen, veranlassen
perterrēre, perterreō	sehr erschrecken, einschüchtern
invenīre, inveniō, invēnī	finden, erfinden
condūcere, condūcō, condūxī	zusammenführen; anwerben, mieten

prōcēdere, prōcēdō, prōcessī	(vorwärts)gehen, vorrücken
afficere, afficiō, affēcī *m. Abl.*	versehen mit
effodere, effodiō, effodī	ausgraben, umgraben, durchwühlen
abesse, absum, āfuī	abwesend sein, fehlen
abīre, abeō, abiī	weggehen
valē	Leb' wohl!
mox *Adv.*	bald, dann
quondam *Adv.*	einst, einmal; manchmal
iterum iterumque	immer wieder

21

fōrma	Form, Gestalt, Schönheit
glōria	Ehre, Ruhm
annus	Jahr
campus	Feld, freier Platz, Ebene
officium	Dienst, Pflicht(gefühl)
animal, animālis *n (Abl. Sg.* -ī; *Nom./Akk. Pl.* -ia; *Gen. Pl.* -ium*)*	Lebewesen, Tier

cīvis, cīvis *m (Gen. Pl.* -ium*)*	Bürger
prex, precis *f*	Bitte; *Pl.* Gebet
religiō, religiōnis *f*	Glauben, (Gottes)Verehrung, Frömmigkeit, Gewissenhaftigkeit, Aberglaube
sanguis, sanguinis *m*	Blut
pūblicus, a, um	öffentlich, staatlich
salvus, a, um	gesund, unversehrt
complūrēs, complūra *(Gen.* complūrium*)*	mehrere
dīligēns, dīligentis	gewissenhaft, sorgfältig
supplex, supplicis	demütig bittend
dare, dō, dedī, datum	geben
lavāre, lavō, lāvī, lautum	waschen, reinigen
mandāre, mandō	einen Auftrag geben, übergeben
augēre, augeō, auxī, auctum	vermehren, vergrößern
cēnsēre, cēnseō, censuī, cēnsum *m. Akk.*	meinen, einschätzen, seine Stimme abgeben (für)
commovēre, commoveō, commōvī, commōtum	bewegen, veranlassen
agere, agō, ēgī, āctum	handeln, treiben, verhandeln
colere, colō, coluī, cultum	bewirtschaften, pflegen; verehren

dēligere, dēligō, dēlēgī, dēlēctum	(aus)wählen
dūcere, dūcō, dūxī, ductum	führen, ziehen
īnstruere, īnstruō, īnstrūxī, īnstrūctum	aufstellen, ausrüsten; unterrichten
legere, legō, lēgī, lēctum	lesen, auswählen
mittere, mittō, mīsī, missum	(los)lassen, schicken, werfen
pōnere, pōnō, posuī, positum	(auf)stellen, (hin)legen, setzen
spargere, spargō, sparsī, sparsum	ausstreuen, bespritzen, verbreiten
excipere, excipiō, excēpī, exceptum	aufnehmen, eine Ausnahme machen
facere, faciō, fēcī, factum	machen, tun, handeln
interficere, interficiō, interfēcī, interfectum	töten, vernichten
respicere, respiciō, respexī, respectum	zurückblicken; berücksichtigen
hinc *Adv.*	von hier, hierauf
paulātim *Adv.*	allmählich
circum *m. Akk.*	um ... herum, rings um
multum/omnia posse	(viel/alles können) große/unumschränkte Macht haben
nēmō nescit	jeder weiß

22

miseria	Not, Elend, Unglück
tabula	Tafel, Gemälde; Aufzeichnung
argentum	Silber
aurum	Gold
spectāculum	Schauspiel
aes, aeris *n*	Erz, Geld
dīgnitās, dīgnitātis *f*	Würde, Ansehen; Stellung
dux, ducis *m*	Anführer
eques, equitis *m*	Reiter, Ritter
imāgō, imāginis *f*	Abbild, Bild
nimius, a, um	übermäßig, zu groß
praeclārus, a, um	großartig
rēgius, a, um	königlich
tantus, a, um	so groß, so viel
grandis, e	alt; bedeutend, groß
mortālis, e	sterblich, *Subst.* Mensch
victor, victōris *Adj.*	siegreich
hic, haec, hoc	dieser, diese, dieses (hier); folgender
ille, illa, illud	jener, jene, jenes
iste, ista, istud (*Gen.* istius, *Dat.* isti)	dieser (da)

recitāre, recitō	vorlesen, vortragen
permovēre, permoveō, permōvī, permōtum	beunruhigen, veranlassen
incēdere, incēdō, incessī, incessum *(m. Akk.)*	heranrücken, eintreten; (jmd.) befallen
vincere, vincō, vīcī, victum	(be)siegen, übertreffen
capere, capiō, cēpī, captum	fassen, nehmen; erobern
cōnficere, cōnficiō, cōnfēcī, cōnfectum	beenden, fertigmachen
subicere, subiciō, subiēcī, subiectum	darunterlegen, unterwerfen
praeterīre, praetereō, praeteriī, praeteritum	übergehen, vorbeigehen
illūc *Adv.*	dahin, dorthin
paulum *Adv.*	ein wenig
simul *Adv.*	zugleich, gleichzeitig
suprā *Adv.*	darüber hinaus, oben

23

nātūra	Beschaffenheit, Natur, Wesen
silva	Wald
ager, agrī *m*	Acker, Feld, Gebiet
membrum	Glied, Körperteil
vestīgium	Fußsohle, Spur, Stelle
arbor, arboris *f*	Baum
dolor, dolōris *m*	Schmerz
iuvenis, iuvenis *m*	junger Mann; *Adj.* jung
īnfēlīx, īnfēlīcis	unglücklich
habitāre, habitō	bewohnen, wohnen
temperāre, temperō *(ā m. Abl.)*	sich fernhalten (von);
m. Dat.	maßvoll gebrauchen, zurückhalten
vetāre, vetō, vetuī	verhindern, verbieten
ārdēre, ārdeō, ārsī	brennen
accendere, accendō, accendī, accēnsum	anfeuern, anzünden
āvertere, āvertō, āvertī, āversum	abwenden, vertreiben
dīcere, dīcō, dīxī, dictum	sagen, sprechen
occurrere, occurrō, occurrī	begegnen, entgegentreten

repellere, repellō, reppulī, repulsum	zurückstoßen, abweisen, vertreiben
repetere, repetō, repetīvī, repetītum	(zurück)verlangen, wiederholen
solvere, solvō, solvī, solūtum	auflösen, bezahlen, lösen
tangere, tangō, tetigī, tāctum	berühren
accipere, accipiō, accēpi, acceptum	aufnehmen, erhalten, erfahren
recipere, recipiō, recēpī, receptum	aufnehmen, wieder-bekommen, zurücknehmen
dēmum *Adv.*	endlich
hūc *Adv.*	hierher
magis *Adv.*	mehr, eher
rūrsus *Adv.*	wieder
inter *m. Akk.*	unter, während, zwischen
nihil/nīl	nichts
amōre accēnsus	in Liebe entflammt, verliebt
ex illō tempore	seit jener Zeit
sē recipere	sich zurückziehen

audācia	Frechheit, Kühnheit
epistula	Brief
vigilia	Nachtwache, (Wach-)Posten
lectus	Bett, Liegesofa
bonum	das Gut(e)
sōlācium	Trost(mittel)
coniūnx, coniugis *m/f*	Gatte, Gattin
ops, opis *f*	Hilfe, Kraft; *Pl.* Macht, Mittel, Reichtum
prīnceps, prīncipis *m*	der Erste, der führende Mann
nūllus a, um *(Gen.* nūllīus; *Dat.* nūllī*)*	kein
perpetuus, a, um	dauerhaft, ewig
ipse, ipsa, ipsum *(Gen.* ipsīus, *Dat.* ipsī*)*	(er, sie, es) selbst
agitāre, agitō	betreiben, überlegen
opīnārī, opīnor	glauben, meinen
vindicāre, vindicō	beanspruchen, bestrafen
iacēre, iaceō	liegen
tuēri, tueor *m. Akk.*	betrachten, schützen, (milit.) sichern, sorgen für

verēri, vereor, veritus sum	fürchten, sich scheuen; verehren
cōnsulere in *m. Akk.*	Maßnahmen ergreifen gegen
cōnsūmere, cōnsūmō, cōnsūmpsī, cōnsūmptum	verbrauchen, verwenden
contingere, contingō, contigī, contāctum	berühren, gelingen
dēserere, dēserō, dēseruī, dēsertum	im Stich lassen, verlassen
loquī, loquor, locūtus sum	reden, sprechen
nūbere, nūbō, nūpsī, nuptum *m. Dat.*	heiraten
perdere, perdō, perdidī, perditum	verlieren, verschwenden, zugrunde richten
premere, premō, pressi, pressum	(unter)drücken, bedrängen
scrībere, scrībō, scrīpsī, scrīptum	beschreiben, schreiben
sequī, sequor, secūtus sum *m. Akk.*	folgen
ūtī, ūtor, ūsus sum *m. Abl.*	benutzen, gebrauchen
morī, morior, mortuus sum	sterben
patī, patior, passus sum	(er)leiden, ertragen, zulassen

suscipere, suscipiō, suscēpī, susceptum *m. Akk.*	auf sich nehmen, sich (einer Sache) annehmen, unternehmen
opus est *m. Abl.*	es ist nötig, man braucht
ferē	beinahe, fast; ungefähr
tot	so viele
timōre agitārī	von Furcht gequält werden

25

terra	Erde, Land
caelum	Himmel
domus, domūs *f*	Haus
flūctus, flūctūs *m*	Flut, Strömung
gemitus, gemitūs *m*	Seufzen, Stöhnen; Traurigkeit
magistrātus, magistrātūs *m*	Amt; Beamter
manus, manūs *f*	Hand; Schar (von Bewaffneten)
metus, metūs *m*	Angst
mōtus, mōtūs *m*	Bewegung
senātus, senātūs *m*	Senat, Senatsversammlung, Rat

diēs, diēī *m*	Tag
rēs, reī *f*	Angelegenheit, Ding, Sache
rēs adversae	unglückliche Umstände, Unglück
rēs pūblica	Staat
spēs, speī *f*	Erwartung, Hoffnung
plēnus, a, um *(m. Gen.)*	voll (von/mit)
proximus, a, um	der nächste
reliquus, a, um	künftig, übrig
āter, ātra, ātrum	schwarz, düster
sacer, sacra, sacrum *(m. Gen.)*	geweiht, heilig
memor, memoris *m. Gen.*	in Erinnerung an
morārī, moror	(sich) aufhalten
dēmittere, dēmittō, dēmīsī, dēmissum	hinabschicken, sinken lassen
exstinguere, exstinguō, exstīnxī, exstīnctum	auslöschen, vernichten
metuere, metuō, metuī	(sich) fürchten
neglegere, neglegō, neglēxī, neglēctum	nicht (be)achten, vernachlässigen
orīrī, orior, ortus sum	entstehen, sich erheben
proficīscī, proficīscor, profectus sum	(ab)reisen, aufbrechen

querī, queror, questus sum *(m. Akk.)*	klagen, sich beklagen (über)
tendere, tendō, tetendī, tentum	sich anstrengen, spannen; (aus)strecken
ēgredī, ēgredior, ēgressus sum	herausgehen, verlassen
intrā *m. Akk.*	innerhalb (von)
at	aber, jedoch, dagegen
quārē	*rel. Satzanschluss:* deshalb
mōtus terrae	Erdbeben

26

disciplīna	Disziplin, Lehre
inopia	Mangel, Not
philosophia	Philosophie
modus	Art, Weise; Maß
malum	Leid, Übel, Unglück
tēctum	Dach, Haus
fūnus, fūneris *n*	Begräbnis, Untergang
pars, partis *f (Gen. Pl.* -ium*)*	Richtung, Seite, Teil
patrēs (cōnscrīptī) *Pl.*	Senatoren

fidēs, fideī *f*	Glaube, Treue, Vertrauen, Zuverlässigkeit
necessārius, a, um	notwendig
aestimāre, aestimō	einschätzen, beurteilen
damnāre, damnō *(m. Gen.)*	verurteilen (wegen)
īnstāre, īnstō, īnstitī	bevorstehen, hart zusetzen
mūtāre, mūtō	(ver)ändern, verwandeln
praestāre, praestō, praestitī	*m. Dat.* übertreffen *m. Akk.* gewähren, leisten, zeigen
sollicitāre, sollicitō	aufhetzen, beunruhigen, erregen
vindicāre in *m. Akk.*	vorgehen gegen
docēre, doceō, docuī, doctum	lehren, unterrichten
exercēre, exerceō	üben, trainieren; quälen
pollicērī, polliceor, pollicitus sum	versprechen
cognōscere, cognōscō, cognōvī, cognitum	erkennen, kennenlernen
corrumpere, corrumpō, corrūpī, corruptum	bestechen, verderben
dēcernere, dēcernō, dēcrēvī, dēcrētum	beschließen, entscheiden, zuerkennen

pellere, pellō, pepulī, pulsum	schlagen, vertreiben
reprehendere, reprehendō, reprehendī, reprehēnsum	kritisieren, wieder aufgreifen
incipere, incipiō, incēpī (coepī), inceptum	anfangen, beginnen
subīre, subeō, subiī, subitum	auf sich nehmen, herangehen
interest *(m. Gen.)*	es ist wichtig (für jmd.)
male *Adv.*	schlecht, schlimm
sub *m. Abl.*	unten an/bei, unter *(wo?)*
aut ... aut	entweder ... oder
diēs noctēsque	Tage und Nächte (lang) *(wie lange?)*
fidem praestāre	die Treue halten
labōrēs subīre	Arbeiten verrichten
magnī aestimāre	hoch schätzen
vītam agere	sein Leben führen

27

venia	Gefallen, Nachsicht, Verzeihung
socius	Gefährte, Verbündeter

īnferī, īnferōrum *Pl.*	Bewohner der Unterwelt, Unterwelt
flāgitium	Gemeinheit, Schandtat
custōs, custōdis *m/f*	Wächter(in)
facinus, facinoris *n*	Handlung, Untat
furor, furōris *m*	Wahnsinn, Wut
honor/honōs, honōris *m*	Ehre, Ehrenamt
lēx, lēgis *f*	Gesetz, Bedingung
mēns, mentis *f*	Geist, Sinn, Verstand; Meinung
aditus, aditūs *m*	Zugang
exercitus, exercitūs *m*	Heer
lūctus, lūctūs *m*	Trauer
honestus, a, um	angesehen, ehrenhaft
invītus, a, um	ungern, gegen den Willen
difficilis, e	schwierig
īdem, eadem, idem	derselbe, der gleiche
impetrāre, impetrō	erreichen, durchsetzen
obsecrāre, obsecrō	anflehen, bitten
audēre, audeō	wagen
cavēre, caveō, cāvī, cautum *(m. Akk.)*	sich hüten (vor), Vorsorge treffen
obtinēre, obtineō	(in Besitz) haben, (besetzt) halten

persuādēre, persuādeō, persuāsī, persuāsum *m. Dat.*	überzeugen *(mit AcI / Inf.)*
pudet, puduit	es beschämt
cōgere, cōgō, coēgī, coāctum	(ver)sammeln, zwingen
colligere, colligō, collēgī, collēctum	sammeln
cōnstituere, cōnstituō, cōnstituī, cōnstitūtum	festsetzen, beschließen
occīdere, occīdō, occīdī, occīsum	niederschlagen, töten
quaesere, quaesō	bitten
tribuere, tribuō, tribuī, tribūtum	schenken, zuteilen
aggredī, aggredior, aggressus sum	angreifen, herangehen
capitis damnāre	zum Tode verurteilen
Creonte auctōre	auf Veranlassung Kreons
Creonte invītō	gegen den Willen Kreons
Polynīce duce	unter der Führung des Polyneikes
proelium committere	eine Schlacht schlagen

incola, ae *m*	Einwohner, Bewohner
umbra	Schatten
īgnis, īgnis *m*	Feuer
nūmen, nūminis *n*	Gottheit, göttlicher Wille
sēdēs, sēdis *f*	Platz, Sitz, Wohnsitz
cārus, a, um	lieb, teuer, wertvoll
maximus, a, um	der größte, sehr groß
minimus, a, um	der kleinste, geringste
optimus, a, um	der beste, sehr gut
plūrimī, ae, a	sehr viele
saevus, a, um	schrecklich, wild, wütend
commūnis, e	gemeinsam, allgemein
dulcis, e	angenehm, süß
familiāris, e	freundschaftlich, vertraut; *Subst.* Freund
māior, māiōris	größer
melior, meliōris	besser
minor, minoris	kleiner, geringer
plūrēs, a	mehr
retinēre, retineō	behalten, festhalten, zurückhalten
sē praebēre *m. Akk.*	sich zeigen (als), sich erweisen (als)

ēvenīre, ēveniō, ēvēnī, ēventum	sich ereignen
condere, condō, condidī, conditum	verwahren, verbergen, bestatten; erbauen, gründen
ēdūcere, ēdūcō, ēdūxī, ēductum	herausführen
incendere, incendō, incendī, incēnsum	entflammen, in Brand stecken
parcere, parcō, pepercī *m. Dat.*	schonen, sparen
reddere, reddō, reddidī, redditum *m. dopp. Akk.*	jmd. zu etwas machen
relinquere, relinquō, relīquī, relictum	unbeachtet lassen, verlassen
cōnspicere, cōnspiciō, cōnspexī, cōnspectum	erblicken
effugere, effugiō, effūgī *(m. Akk.)*	entfliehen, entkommen
facere *m. dopp. Akk.*	jmd. zu etwas machen
saepe *Adv.*	oft
ūnā *Adv.*	zugleich, zusammen
extrā *m. Akk.*	außerhalb (von)
quō ... eō *m. Komp.*	je ... desto
quam	als, wie; *mit Superlativ:* möglichst
īrā incēnsus	zornentbrannt

29

cōpia	Menge, Möglichkeit, Vorrat
lingua	Rede, Sprache
ingenium	Begabung, Talent
ōtium	freie Zeit, Ruhe (von berufl. Tätigkeit)
pretium	Preis, Wert, Geld
genus, generis *n*	Abstammung, Art, Geschlecht
voluptās, voluptātis *f*	Lust, Vergnügen
portus, portūs *m*	Hafen
sūmptus, sūmptūs *m*	der Aufwand, die Kosten
dīversus, a, um	entgegengesetzt, feindlich, verschieden
ēgregius, a, um	ausgezeichnet, hervorragend
varius, a, um	bunt, verschieden, vielfältig
mīlitāris, e	Kriegs-, militärisch
aliquis, aliquid *(Gen.* alicuius *usw.)*	(irgend)jemand
cēnāre, cēnō	essen
cōnstāre, cōnstō, cōnstitī	feststehen; kosten
pertinēre, pertineō *(*ad *m. Akk.)*	betreffen, gehören (zu), sich erstrecken (bis)

committere, committō, commīsī, commissum	anvertrauen, veranstalten, zustande bringen
nōscere, nōscō, nōvī, nōtum	erkennen, kennenlernen
vehere, vehō, vēxī, vectum	fahren, tragen, ziehen
praeesse, praesum, praefuī *m. Dat.*	an der Spitze stehen, leiten
inde *Adv.*	von dort; darauf; deshalb
postrēmō *Adv.*	schließlich
rēctē *Adv.*	geradeaus, richtig, zu Recht
satis *Adv.*	genug
scīlicet *Adv.*	freilich, natürlich, selbstverständlich

magnō cōnstāre	viel kosten, teuer sein
multōs annōs	viele Jahre lang *(wie lange?)*
nōmine	namens
nōn modo ... sed etiam	nicht nur ... sondern auch
parvō/magnō pretiō emere/vendere	(für einen niedrigen/hohen Preis) billig/teuer kaufen/verkaufen
quid ad rem pertinet?	was tut das zur Sache?
quid novī?	was an Neuigkeiten?
sūmptūs facere	Ausgaben tätigen, ausgeben
ubī terrārum?	wo in aller Welt?

memoria	Erinnerung, Gedächtnis; Zeit
morbus	Krankheit
praesidium	(Wach-)Posten, Schutztruppe, Schutz
theātrum	Theater
aedis, aedis *f (Gen. Pl.* -ium*)*	Tempel, *Pl.* Haus, Gebäude
condiciō, condiciōnis *f*	Bedingung, Lage, Verabredung
magnitūdō, magnitūdinis *f*	Größe
cultus, cultūs *m*	Pflege, Verehrung
ūsus, ūsūs *m*	Benutzung, Nutzen
laetus, a, um	froh; fruchtbar
quīdam, quaedam, quoddam	ein gewisser, irgendeiner; *Pl.* einige
cernere, cernō	sehen, bemerken
dēscendere, dēscendō, dēscendī, dēscēnsum	herabsteigen
vīsere, vīsō, vīsī, vīsum	besichtigen, besuchen
ferre, ferō, tulī, lātum	bringen, tragen; ertragen
afferre, afferō, attulī, allātum	bringen, herbeibringen, mitbringen; melden
auferre, auferō, abstulī, ablātum	rauben, wegbringen

cōnferre, cōnferō, cōntulī, collātum	vergleichen, zusammentragen
tollere, tollō, sustulī, sublātum	aufheben, in die Höhe heben, wegnehmen
forās *Adv.*	heraus, hinaus *(wohin?)*
maximē *Adv.*	am meisten, besonders
minus *Adv.*	weniger
postrēmō *Adv.*	schließlich; kurz (gesagt)
prius *Adv.*	früher, zuerst
tunc *Adv.*	damals, dann
quamobrem	warum
ac (~ atque)	und, und auch; im Vergleich: wie, als
ēiusmodī *indekl.*	derartig, so beschaffen
cūrae esse *m. Dat.*	jmd. Sorge bereiten, jmd. wichtig sein
illud philosophorum	jenes bekannte Wort der Philosophen
memoriā tenēre	im Gedächtnis behalten
ūsuī esse *m. Dat.*	jmd. von Nutzen sein

lībertīnus	Freigelassener
laus, laudis *f*	Lob, Ruhm
ōs, ōris *n*	Gesicht, Mund
pēs, pedis *m*	Fuß
cupidus, a, um *(m. Gen.)*	(be)gierig (nach)
idōneus, a, um	geeignet, passend
rārus, a, um	selten, vereinzelt
singulus, a, um	je ein, jeder einzelne
dīves, dīvitis	reich
mollis, e	weich, angenehm; freundlich
trēs, trēs, tria	drei
cantāre	singen
impōnere, impōnō, imposuī, impositum	auferlegen, (hin)einsetzen
modo *Adv.*	nur
nimium *Adv.*	(all)zu, (all)zu sehr
causā *(nachgestellt) m. Gen.*	wegen
quārē	weshalb, wodurch *rel. Satzanschluss:* deshalb
unde	woher
hercule(s)!	beim Herkules!
nōndum	noch nicht

bona animi	innere Werte
gaudiō esse *m. Dat.*	jmd. Freude bereiten
in ōre omnium esse	in aller Munde sein
laudī esse *m. Dat.*	für jmd. lobenswert sein
mihi magnae cūrae est	es ist mir sehr wichtig
quid āctum est?	was ist passiert?

32

anima	Atem, Leben
dīligentia	Sorgfalt
littera	Buchstabe; *Pl.* Brief; Literatur, Wissenschaft
vulgus, vulgī *n*	die Leute (aus dem Volk), der Pöbel, die große Masse
iūdicium	Gericht, Urteil
iuventūs, iuventūtis *f*	Jugend
potestās, potestātis *f*	(Amts-)Gewalt, Macht
sermō, sermōnis *m*	Äußerung, Gerede, Gespräch, Sprache
sīdus, sīderis *n*	Stern, Sternbild

versus, versūs *m*	Zeile, Vers
prīvātus, a, um	privat, persönlich
frequēns, frequentis	häufig, zahlreich
immortālis, e	unsterblich
iūdicāre, iūdicō	beurteilen, urteilen
discere, discō, didicī	lernen, erfahren
trādere, trādō, trādidī, trāditum	übergeben, überliefern
perspicere, perspiciō, perspexī, perspectum	erkennen, genau betrachten, sehen
praetereā *Adv.*	außerdem
litterīs mandāre	schriftlich festhalten, aufschreiben
memoriae studēre	das Gedächtnis üben

33

amīcitia	Freundschaft
licentia	Freiheit, Willkür
vīcus	Dorf, Gasse
auxilium	Hilfe; *Pl.* Hilfstruppen
castra, castrōrum *Pl.*	Lager

auctōritās, auctōritātis *f*	Ansehen, Einfluss, Macht
lībertās, lībertātis *f*	Freiheit
obses, obsidis *m/f*	Geisel
plēbs, plēbis *f*	(nicht adeliges, einfaches) Volk
adventus, adventūs *m*	Ankunft
quantus, a, um	wie groß, wie viel
facilis, e *(Adv.* -e*)*	leicht (zu tun)
centum *indekl.*	hundert
dēmōnstrāre, dēmōnstrō	beweisen, darlegen
optāre, optō	wünschen
revocāre, revocō	zurückrufen
addūcere, addūcō, addūxī, adductum	heranführen, veranlassen
cōnscrībere, cōnscrībō, cōnscrīpsī, cōnscrīptum	aufschreiben, verfassen
contendere, contendō, contendī	eilen; sich anstrengen, kämpfen; behaupten
poscere, poscō, poposcī	fordern, verlangen
efficere, efficiō, effēcī, effectum	bewirken, herstellen
referre, referō, rettulī, relātum	(zurück)bringen, berichten
adhūc *Adv.*	bis jetzt, noch

cum *Subj. m. Konj.*	als, nachdem; weil; obwohl; während (dagegen)
nē *Subj. m. Konj.*	dass nicht, damit nicht; dass *(nach Ausdrücken des Fürchtens und Hinderns)*
ut *Subj. m. Konj.*	dass, sodass, damit
mīlitēs cōnscrībere	Soldaten anwerben
novīs rēbus studēre	nach Umsturz streben
timēre, nē	fürchten, dass

34

cella	Kammer, Keller, Tempel(raum)
turris, turris *f* *(Abl. Sg.* -ī; *Gen. Pl.* -ium*)*	Turm
exitus, exitūs *m*	Ausgang, Ende
dūrus, a, um	hart
futūrus, a, um	zukünftig, kommend
posterus, a, um	folgend
secundus, a, um	der zweite, günstig

commemorāre, commemorō *m. Akk.*	etwas erwähnen, anführen
praedicāre, praedicō	behaupten
spērāre, spērō	erwarten, hoffen
movēre, moveō, mōvī, mōtum	bewegen
prōvidēre, prōvideō, prōvidī, prōvīsum *m. Akk.*	vorhersehen
vidēre, videō, vīdī, vīsum	sehen, darauf achten
cōnsulere, cōnsulō, cōnsuluī, consultum	*m. Akk.* befragen; *m. Dat.* sorgen für dē *m. Abl.* beraten über in *m. Akk.* Maßnahmen ergreifen gegen
excēdere, excēdō, excessī, excessum	hinausgehen, weggehen
gerere, gerō, gessī, gestum	ausführen, führen, tragen
oblīvīscī, oblīvīscor, oblītus sum	vergessen
petere, petō, petīvī, petītum	(auf)suchen, (er)streben, bitten, verlangen
requīrere, requīrō, requīsīvī, requīsītum	aufsuchen, sich erkundigen, verlangen
obicere, obiciō, obiēcī, obiectum	darbieten, vorwerfen

īre, eō, iī, itum	gehen
redīre, redeō, rediī, reditum	zurückgehen, zurückkehren
multō *Adv.*	(um) viel
nē *im Hauptsatz*	nicht *(verneinter Befehl oder Wunsch)*
haud	nicht
utinam	hoffentlich, wenn doch!
auxilium petere	um Hilfe bitten
bonō animō esse	guten Mutes sein, zuversichtlich sein
rem bene gerere	etwas gut durchführen, Erfolg haben
rēs futūrae	Zukunft
rēs secundae	Glück
sē alicui obicere	sich jmd. entgegenwerfen, sich auf jmd. stürzen

35

commodum	Bequemlichkeit, Vorteil
factum	Handlung, Tat, Tatsache
incommodum	Unbequemlichkeit, Nachteil

opus, operis *n*	Arbeit, Werk
ratiō, ratiōnis *f*	Grund, Vernunft, Überlegung; Berechnung; Art und Weise
frūctus, frūctūs *m*	Ertrag, Frucht, Nutzen
beātus, a, um	glücklich, reich
iūstus, a, um	gerecht
placidus, a, um	friedlich, ruhig, sanft
sānctus, a, um	ehrwürdig, heilig
ūniversus, a, um	gesamt; *Pl.* alle (zusammen)
vāstus, a, um	riesig; öde, verwüstet
fēlīx, fēlīcis	erfolgreich, glückbringend, glücklich
hortārī, hortor	auffordern, ermahnen
vidērī, videor, vīsus sum	scheinen, gelten (als)
dēdere, dēdō, dēdidī, dēditum	ausliefern, übergeben
fingere, fingō, fīnxī, fictum	gestalten, sich (etwas) ausdenken
opprimere, opprimō, oppressī, oppressum	bedrohen, niederwerfen, unterdrücken
prōpōnere, prōpōnō, prōposuī, prōpositum	darlegen, in Aussicht stellen
parere, pariō, peperī, partum	zur Welt bringen; schaffen

prōspicere, prōspiciō, prōspexī, prōspectum	schauen auf, sehen
fierī, fīō, factus sum	gemacht werden; geschehen, werden
ōdisse, ōdī *Perf.*	hassen
contrā *Adv.*	dagegen, gegenüber
potissimum *Adv.*	hauptsächlich, vornehmlich, gerade
potius	eher, lieber
prīmum *Adv.*	zuerst
proinde *Adv.*	also, daher
umquam *Adv.*	jemals
num *im ind. Fragesatz*	ob
nam(que)	denn, nämlich
eā ratiōne, ut	in der Absicht, dass
victōriam parere dē *m. Abl.*	einen Sieg (über jmd.) davontragen

Stammformen wichtiger Verben

Die folgende Liste enthält diejenigen Verben mit „unregelmäßiger" Perfektbildung, zu denen in **prima** Perfekt- (und PPP-) Formen vorkommen.
Die aktiven Verben sind nach ihrer Zugehörigkeit zu den verschiedenen Konjugationsklassen aufgeführt, dann folgen die Deponentien und andere „schwierige" Verben.
Innerhalb der Konjugationsklassen sind die Verben nach der Art ihrer Perfektbildung (also v-, u-, s-Perfekt usw.) zusammengestellt, und zwar in alphabetischer Reihenfolge; Komposita stehen unmittelbar beim jeweiligen Verbum simplex (z. B. promittere bei mittere).
Durch diese Anordnung fallen euch gleich bzw. ähnlich gebildete Stammformen stärker ins Auge und ihr könnt sie euch besser einprägen.
Nicht aufgeführt sind die als „regelmäßig" geltenden Verben der ā- und ī-Konjugation mit v-Perfekt sowie der ē-Konjugation mit u-Perfekt (und PPP auf -itum); z. B.:

vocāre	vocō, vocāvī, vocātum rufen, nennen
audīre	audiō, audīvī, audītum hören
monēre	moneō, monuī, monitum (er)mahnen

Verben der ā-Konjugation

vetāre	vetō, vetuī verhindern, verbieten
lavāre	lavō, lāvī, lautum waschen, reinigen
dare	dō, dedī, datum geben
stāre	stō, stetī stehen
cōnstāre	cōnstō, cōnstitī feststehen; kosten
īnstare	īnstō, īnstitī bevorstehen, hart zusetzen
praestāre	praestō, praestitī *m. Dat.* übertreffen *m. Akk.* gewähren, leisten, zeigen
restāre	restō, restitī übrigbleiben; Widerstand leisten

Verben der ē-Konjugation

flēre	fleō, flēvī beklagen, (be)weinen
complēre	compleō, complēvī anfüllen, erfüllen
cēnsēre	cēnseō, cēnsuī, cēnsum *(m. Akk.)* meinen, einschätzen, seine Stimme abgeben (für)
docēre	doceō, docuī, doctum lehren, unterrichten
ārdēre	ārdeō, ārsī brennen
augēre	augeō, auxī, auctum vermehren, vergrößern
iubēre	iubeō, iussī *m. Akk.* anordnen, befehlen
manēre	maneō, mānsī *(m. Akk.)* bleiben, warten, warten (auf)
rīdēre	rīdeō, rīsī lachen, auslachen
persuādēre	persuādeō, persuāsī, persuāsum *m. Dat.* überzeugen *(mit AcI/Inf.)*

cavēre	caveō, cāvī, cautum *(m. Akk.)* sich hüten (vor), Vorsorge treffen
movēre	moveō, mōvī, motum bewegen
commovēre	commoveō, commōvī, commōtum bewegen, veranlassen
permovēre	permoveō, permōvī, permōtum beunruhigen, veranlassen
sedēre	sedeō, sēdī sitzen
vidēre	videō, vīdī, vīsum sehen, darauf achten
prōvidēre	prōvideō, prōvīdī, prōvīsum *m. Akk.* vorhersehen
respondēre	respondeō, respondī antworten, entsprechen

Verben der ī-Konjugation

aperīre	aperiō, aperuī aufdecken, öffnen
sentīre	sentiō, sēnsī fühlen, meinen, wahrnehmen
venīre	veniō, vēnī kommen
convenīre	conveniō besuchen, zusammenkommen, zusammenpassen
ēvenīre	ēveniō, ēvēnī, ēventum sich ereignen
invenīre	inveniō, invēnī finden, erfinden
pervenīre	perveniō, pervēnī (ad/in *m. Akk.*) kommen zu/nach
comperīre	comperiō, comperī (genau) erfahren
reperīre	reperiō, repperī (wieder)finden

Verben der konsonantischen Konjugation

arcessere	arcessō, arcessīvī herbeirufen, holen
dēcernere	dēcernō, dēcrēvī, dēcrētum beschließen, entscheiden, zuerkennen
crēscere	crēsco, crēvī wachsen
nōscere	nōscō, nōvī, nōtum erkennen, kennenlernen
cognōscere	cognōscō, cognōvī, cognitum erkennen, kennenlernen
petere	petō, petīvī, petītum (auf)suchen, (er)streben, bitten, verlangen
repetere	repetō, repetīvī, repetītum (zurück)verlangen, wiederholen
quaerere	quaerō, quaesīvī erwerben wollen, suchen
requīrere	requīrō, requisīvī, requisītum aufsuchen, sich erkundigen, verlangen
quiēscere	quiēscō, quiēvī (aus)ruhen; schlafen
dēsinere	dēsinō, dēsiī aufhören

alere — alō, aluī
ernähren, großziehen

colere — colō, coluī, cultum
bewirtschaften, pflegen; verehren

cōnsulere — cōnsulō, cōnsuluī, cōnsultum
m. Akk. befragen, beraten
m. Dat. sorgen für

dēserere — dēserō, dēseruī, dēsertum
verlassen, im Stich lassen

pōnere — pōnō, posuī, positum
(auf)stellen, (hin)legen, setzen

dēpōnere — dēpōnō, dēposuī
ablegen, niederlegen, aufgeben

impōnere — impōnō, imposuī, impositum
auferlegen, (hin)einsetzen

prōpōnere — prōpōnō, prōposuī, prōpositum
darlegen, in Aussicht stellen

accēdere — accēdō, accessī
herbeikommen, hinzukommen

concēdere — concēdō, concessī
erlauben, nachgeben, zugestehen

discēdere — discēdō, discessī
auseinandergehen, weggehen

excēdere	excēdō, excessī, excessum hinausgehen, weggehen
incēdere	incēdō, incessī, incessum *m. Akk.* heranrücken, eintreten; (jmd.) befallen
prōcēdere	prōcēdō, processī (vorwärts)gehen, vorrücken
cingere	cingō, cīnxī umgeben, umzingeln
claudere	claudō, clausī abschließen, einschließen
dīcere	dīcō, dīxī, dictum sagen, sprechen
dūcere	dūcō, dūxī, ductum führen, ziehen
abdūcere	abdūcō, abdūxī wegführen
addūcere	addūcō, addūxī, adductum heranführen, veranlassen
condūcere	condūcō, condūxī zusammenführen; anwerben, mieten
dēdūcere	dēdūcō, dēdūxī hinführen, wegführen
ēdūcere	ēdūcō, ēdūxī, ēductum herausführen

exstinguere	exstinguō, exstīnxī, exstīnctum auslöschen, vernichten
fingere	fingō, fīnxī, fictum gestalten, sich (etwas) ausdenken
flectere	flectō, flexī biegen, (hin)lenken, umstimmen
gerere	gerō, gessī, gestum ausführen, führen, tragen
adiungere	adiungō, adiūnxī hinzufügen, anschließen
laedere	laedō, laesī beschädigen, verletzen, beleidigen
mittere	mittō, mīsī, missum (los)lassen, schicken, werfen
āmittere	āmittō, āmīsī aufgeben, verlieren
committere	committō, commīsī, commissum anvertrauen, veranstalten, zustande bringen
dēmittere	dēmittō, dēmīsī, dēmissum hinabschicken, sinken lassen
dīmittere	dīmittō, dīmīsī aufgeben, entlassen
prōmittere	prōmittō, prōmīsī versprechen

nūbere	nūbō, nūpsī, nūptum *m. Dat.* heiraten
premere	premō, pressī, pressum (unter)drücken, bedrängen
opprimere	opprimō, oppressī, oppressum bedrohen, niederwerfen, unterdrücken
regere	regō, rēxī lenken, leiten; beherrschen
spargere	spargō, sparsī, sparsum ausstreuen, bespritzen, verbreiten
surgere	surgō, surrēxī sich aufrichten, sich erheben, aufstehen
scrībere	scrībō, scrīpsī, scrīptum beschreiben, schreiben
īnstruere	īnstruō, īnstrūxī, īnstrūctum aufstellen, ausrüsten; unterrichten
trahere	trahō, trāxī ziehen, schleppen
vehere	vehō, vēxī, vectum fahren, tragen, ziehen
agere	agō, ēgī, āctum handeln, treiben, verhandeln
cōgere	cōgō, coēgī, coāctum (ver)sammeln, zwingen

legere	legō, lēgī, lēctum lesen, auswählen
colligere	colligō, collēgī, collēctum sammeln
dēligere	dēligō, dēlēgī, dēlēctum (aus)wählen
intellegere	intellegō, intellēxī (be)merken, verstehen
neglegere	neglegō, neglēxī, neglēctum nicht (be)achten, vernachlässigen
relinquere	relinquō, relīquī, relictum unbeachtet lassen, verlassen, zurücklassen
corrumpere	corrumpō, corrūpī, corruptum bestechen, verderben
cōnsūmere	cōnsūmō, cōnsūmpsī, cōnsūmptum verbrauchen, verwenden
vincere	vincō, vīcī, victum (be)siegen, übertreffen
accidere	accidō, accidī geschehen, sich ereignen
occīdere	occīdō, occīdī, occīsum niederschlagen, töten
currere	currō, cucurrī eilen, laufen

occurrere	occurrō, occurrī begegnen, entgegentreten
addere	addō, addidī hinzufügen
condere	condō, condidī, conditum verwahren, verbergen, bestatten; erbauen, gründen
crēdere	crēdō, crēdidī anvertrauen, glauben
dēdere	dēdō, dēdidī, dēditum ausliefern, übergeben
perdere	perdō, perdidī, perditum verlieren, verschwenden, zugrunde richten
reddere	reddō, reddidī, redditum *m. dopp. Akk.* jmd. zu etwas machen
trādere	trādō, trādidī, trāditum übergeben, überliefern
discere	discō, didicī lernen, erfahren
fallere	fallō, fefellī täuschen, betrügen
parcere	parcō, pepercī *m. Dat.* schonen, sparen
pellere	pellō, pepulī, pulsum schlagen, vertreiben

repellere	repellō, reppulī, repulsum zurückstoßen, abweisen, vertreiben
poscere	poscō, poposcī fordern, verlangen
cōnsistere	cōnsistō, cōnstitī haltmachen, sich aufstellen
resistere	resistō, restitī stehenbleiben; Widerstand leisten
tangere	tangō, tetigī, tāctum berühren
attingere	attingō, attigī berühren
contingere	contingō, contigī, contāctum berühren; gelingen
tendere	tendō, tetendī, tentum sich anstrengen, spannen; (aus)strecken
contendere	contendō, contendī eilen; sich anstrengen, behaupten; kämpfen
ostendere	ostendō, ostendī zeigen, darlegen
tollere	tollō, sustulī, sublātum aufheben, in die Höhe heben, wegnehmen
accendere	accendō, accendī, accēnsum anfeuern, anzünden

incendere	incendō, incendī, incēnsum entflammen, in Brand stecken
dēfendere	dēfendō, dēfendī abwehren, verteidigen, schützen
comprehendere	comprehendō, comprehendī begreifen, ergreifen, festnehmen
reprehendere	reprehendō, reprehendī, reprehēnsum kritisieren, wieder aufgreifen
metuere	metuō, metuī (sich) fürchten
ruere	ruō, ruī eilen, stürmen, stürzen
dēscendere	dēscendō, dēscendī, dēscēnsum herabsteigen
solvere	solvō, solvī, solūtum auflösen, bezahlen, lösen
statuere	statuō, statuī aufstellen, beschließen, festsetzen
cōnstituere	cōnstituō, cōnstituī, cōnstitūtum festsetzen, beschließen
īnstituere	īnstituo, īnstituī beginnen, einrichten, unterrichten
tribuere	tribuō, tribuī, tribūtum schenken, zuteilen

vertere	vertō, vertī drehen, wenden
āvertere	āvertō, āvertī, āversum abwenden, vertreiben
convertere	convertō, convertī *(*in *m. Akk.)* verändern, (um)wenden, richten (auf)
animadvertere	animadvertō, animadvertī bemerken, wahrnehmen
vīsere	vīsō, vīsī, vīsum besichtigen, besuchen

Verben der kons. Konjugation
(mit ĭ-Erweiterung)

cupere	cupiō, cupīvī verlangen, wünschen, wollen
rapere	rapiō, rapuī wegführen, rauben, wegreißen
ēripere	ēripiō, ēripuī entreißen
aspicere	aspiciō, aspexī erblicken
cōnspicere	cōnspiciō, cōnspexī, cōnspectum erblicken
perspicere	perspiciō, perspexī, perspectum erkennen, genau betrachten, sehen
prōspicere	prōspiciō, prōspexī, prōspectum schauen auf, sehen
respicere	respiciō, respexī, respectum zurückblicken; berücksichtigen
capere	capiō, cēpī, captum fassen, nehmen; erobern
accipere	accipiō, accēpī, acceptum aufnehmen, erhalten, erfahren
excipere	excipiō, excēpī, exceptum aufnehmen, eine Ausnahme machen

recipere	recipiō, recēpī, receptum aufnehmen, wiederbekommen, zurücknehmen
suscipere	suscipiō, suscēpī, susceptum *m. Akk.* auf sich nehmen, sich (einer Sache) annehmen, unternehmen
incipere	incipiō, incēpī (coepī), inceptum anfangen, beginnen
facere	faciō, fēcī, factum machen, tun, handeln
afficere	afficiō, affēcī *m. Abl.* versehen mit
cōnficere	cōnficiō, cōnfēcī, cōnfectum beenden, fertigmachen
dēficere	dēficiō, dēfēcī abnehmen, ermatten; verlassen, ausgehen
efficere	efficiō, effēcī, effectum bewirken, herstellen
interficere	interficiō, interfēcī, interfectum töten, vernichten
effodere	effodiō, effodī ausgraben, umgraben, durchwühlen
fugere	fugiō, fūgī *m. Akk.* fliehen (vor), meiden

effugere	effugiō, effūgī *m. Akk.* entfliehen, entkommen
adicere	adiciō, adiēcī hinzufügen
conicere	coniciō, coniēcī (zusammen)werfen, folgern, vermuten
ēicere	ēiciō, ēiēcī hinauswerfen, vertreiben
obicere	obiciō, obiēcī, obiectum darbieten, vorwerfen
subicere	subiciō, subiēcī, subiectum darunterlegen, unterwerfen
parere	pariō, peperī, partum zur Welt bringen; schaffen

Deponentien

pollicērī	polliceor, pollicitus sum versprechen
verērī	vereor, veritus sum fürchten, sich scheuen; verehren
vidērī	videor, vīsus sum scheinen, gelten (als)
querī	queror, questus sum *m. Akk.* klagen; sich beklagen (über)
loquī	loquor, locūtus sum reden, sprechen
sequī	sequor, secūtus sum *m. Akk.* folgen
oblīvīscī	oblīvīscor, oblītus sum vergessen
ūtī	ūtor, ūsus sum *m. Abl.* benutzen, gebrauchen
aggredī	aggredior, aggressus sum angreifen, herangehen
ēgredī	ēgredior, ēgressus sum herausgehen, verlassen
morī	morior, mortuus sum sterben

orīrī	**orior, ortus sum** entstehen, sich erheben
patī	**patior, passus sum** (er)leiden, ertragen, zulassen
proficīscī	**proficīscor, profectus sum** (ab)reisen, aufbrechen

Andere Verben

esse	sum, fuī sein, sich befinden
abesse	absum, āfuī abwesend sein, fehlen
adesse	adsum, adfuī da sein, helfen
praeesse	praesum, praefuī *m. Dat.* an der Spitze stehen, leiten
posse	possum, potuī können
ferre	ferō, tulī, lātum bringen, tragen; ertragen
afferre	afferō, attulī, allātum bringen, herbeibringen, mitbringen; melden
auferre	auferō, abstulī, ablātum rauben, wegbringen
cōnferre	cōnferō, contulī, collātum vergleichen, zusammentragen
referre	referō, rettulī, relātum (zurück)bringen, berichten
īre	eō, iī, itum gehen

adīre	adeō, adiī *m. Akk.* herantreten (an), bitten

(Die anderen Komposita zu **īre** bilden die Stammformen ebenso.)

velle	volō, voluī wollen
nōlle	nōlō, nōluī nicht wollen
fierī	fīō, factus sum gemacht werden; geschehen, werden
ōdisse	ōdī *Perf.* hassen